J. W. Eßer, N. Kirkesner, A. Häusgen

Leitfaden für Führungskräfte: Normen, Werte, Körperspra

GRIN - Verlag für akademische Texte

Der GRIN Verlag mit Sitz in München hat sich seit der Gründung im Jahr 1998 auf die Veröffentlichung akademischer Texte spezialisiert.

Die Verlagswebseite www.grin.com ist für Studenten, Hochschullehrer und andere Akademiker die ideale Plattform, ihre Fachtexte, Studienarbeiten, Abschlussarbeiten oder Dissertationen einem breiten Publikum zu präsentieren.

Dokument Nr. V132316 aus dem GRIN Verlagsprogramm

J. W. Eßer, N. Kirkesner, A. Häusgen

Leitfaden für Führungskräfte: Normen, Werte, Körpersprache

GRIN Verlag

Bibliografische Information der Deutschen Nationalbibliothek: Die Deutsche Bibliothek verzeichnet diese Publikation in der Deutschen Nationalbibliografie; detaillierte bibliografische Daten sind im Internet über http://dnb.d-nb.de/ abrufbar.

1. Auflage 2008
Copyright © 2008 GRIN Verlag
http://www.grin.com/
Druck und Bindung: Books on Demand GmbH, Norderstedt Germany
ISBN 978-3-640-38320-7

FOM Fachhochschule für Ökonomie & Management

Essen

Berufsbegleitender Studiengang zum
Wirtschaftsinformatiker/in
6. Semester

Projektarbeit

Leitfaden für Führungskräfte: Normen, Werte, Körpersprache

Betreuer: Bendisch R.

Autoren:

Esser J.

Häusgen A.

Kirkesner N.

Düsseldorf, den 23.06.2008

Inhaltsverzeichnis

1 Einleitung

Seit dem Einsetzen der Globalisierung und des damit einhergehenden weltweiten Warenverkehrs in der zweiten Hälfte des 20. Jahrhunderts, ist in der Wirtschaftswelt nicht mehr nur Fachwissen gefragt. Im persönlichen Umgang mit Geschäftspartnern aus aller Welt gewinnen vermeintlich altmodische Tugenden, Etikette und die Kenntnis von Benimmregeln für Geschäftsleute und Führungskräfte wieder an Bedeutung. Die landestypischen Geflogenheiten und kulturellen Besonderheiten zu kennen und zu beherzigen gehören heute zu einem professionellen Auftreten auf internationaler Bühne hinzu und wird als selbstverständlich erachtet.

Die Bräuche und Sitten fremder Kulturen zu respektieren, gehört zu den sozialen Kompetenzen die Führungskräften heutzutage abverlangt wird. Führungskräfte und die Unternehmen als Einheit bewegen sich stets auf einem schmalen Grad von Werten und Normen. Diese werden zwar primär gesamtgesellschaftlich geprägt und weiterentwickelt, erhalten jedoch zwangsläufig ihren Einzug in die Wirtschaftswelt, da sich Unternehmungen bzw. Organisationen nach diesen Werten und Normen zu richten haben, um in der öffentlichen Meinung nicht negativ aufzufallen.

Besonderer Bedeutung kommt im Rahmen der sozialen Kompetenzen von Führungskräften die korrekte Beherrschung der Körpersprache zu Teil. Da diese oftmals unbewusst verwendet wird und die Bedeutung von Gestiken in den verschiedenen Kulturräumen variiert, kann dies oftmals zu Irritation und Missverständnissen mit den Geschäftspartner führen. Es gilt nicht nur die eigene Körpersprache zu kontrollieren, sondern auch die des Gegenübers fehlerfrei zu deuten.

Die Verknüpfung von Werten und Körpersprache ergibt sich durch die Bedeutung der individuellen Prägung einer Person, die maßgeblich entscheidet wie diese Gestiken und Mimik interpretiert. Je nach Kulturraum, Freundeskreis, Familienzusammensetzung, Bildung und gesellschaftlichem Status entwickelt jeder Mensch einzigartige Kombinationen von Werten die für ihn von besonderer Bedeutung sind und damit seine Vorstellungen von Körpersprache und Normverhalten. Diese wechselseitigen Beziehungen zwischen Werten, Normen und Körpersprache gilt es im Folgenden zu erläutern, als auch den Führungskräfte ein nötiges Basiswissen über diese Thematik zu vermitteln.

2 Normen und Werte

2.1 Definitionen

Die Bedeutung von Normen und Werten ist eng miteinander verknüpft und doch ist eine scharfe Abtrennung der beiden Begrifflichkeiten von Nöten, um ihr Zusammenwirken zu begreifen. Bei Werten handelt es sich um erstrebenswerte Zustände, bzw. Ziele die sich die Gesellschaft setzt, um das Zusammenleben zu organisieren, respektive zu sichern. Typische Werte in den westlichen Industrieländern sind bspw. die Versorgung alter Menschen, die Sicherung des Existenzminimums oder die Menschenrechte. Werte werden allerdings nur sehr allgemein definiert, ihre praktische Umsetzung vollzieht sich in Form von Normen.

Normen sind genaue Verhaltensweisen zusammengesetzter Werte. Es handelt sich hierbei um Verhaltensregeln, die allerdings nicht schriftlich oder gar in Form von Gesetzen fixiert sein müssen. Es handelt sich vielmehr um eine Erwartungshaltung, die von dem Großteil der Gesellschaft geteilt wird, die „guten Sitten". Der Zweck von Normen liegt also darin, gewisse Verhaltensweisen bei den Gesellschaftsmitgliedern hervorzurufen. Verletzten Menschen zu Hilfe zu kommen oder die Bestrafung von Verbrechern dem Rechtsstaat zu überlassen wären Beispiele für gesellschaftlich anerkannte Normen. Die Missachtung gesellschaftlicher Normen wird als schlechtes Benehmen gewertet. Dies ist besonders im Wirtschaftsleben kritisch. Normen die auf das wirtschaftliche Miteinander zugeschnitten sind werden auch als Benimmregeln bezeichnet. Hierzu gelten z.B. die Einhaltung der branchentypischen Kleiderordnung oder Pünktlichkeit. Nichteinhaltung dieser „Spielregeln" wird von Geschäftspartnern meist als Zeichen von fehlender Professionalität gewertet und erschwert in Konsequenz beruflichen Aufstieg, bzw. macht in zu Teilen unmöglich.

Alle Normen haben gemein, dass im Falle von Missachtung Sanktionen durch die anderen Gesellschaftsmitglieder erfolgt. Diese reichen von Ansehensverlust, bspw. durch fehlende Teilnahme an Gottesdiensten in religiös geprägten Gemeinden, bis hin zu rechtlichen Konsequenzen durch Personen in bestimmten Machtpositionen, so z.B. eine nicht geleistete Erste Hilfe im Notfall, die strafrechtlich geahndet wird.

Da sich Normen maßgeblich durch die ihnen zugrunde liegenden Werte herausbilden, sind diese in verschiedenen Kulturgemeinden grundverschieden, wie auch das Maß an Akzeptanz für Normen von Mensch zu Mensch differieren kann. Unsere persönliche

Akzeptanz von gesellschaftlichen Verhaltensregeln hängt ab von Bildung, elterlicher Erziehung, religiösen Einflüssen und sozialen Kontakten.

Der bedeutende indisch-britische Schriftsteller Salman Rushdie äußerte sich auf die Frage was er mit den westlichen Werten verbinde: „Küssen in der Öffentlichkeit, Schinken-Sandwiches, offener Streit, scharfe Klamotten, Kino, Musik, Gedankenfreiheit, Schönheit, Liebe."[1][2]

2.2 Gesellschaft und Werte im Wandel

Wertvorstellungen und Normen sind keine unveränderbaren Konstanten, sondern entwickeln sich mit der Gesellschaft weiter. So hatte bis zu Beginn des 20. Jahrhunderts die Christliche Kirche einen sehr viel größeren Einfluss auf die gesellschaftliche Erwartungshaltung, sowie den Wertvorstellungen, als dies heut zu Tage der Fall ist. Der Wert der Religion hat abgenommen. Die Norm, das Christentum sei mit dem Dasein als Europäer unzertrennbar verbunden, ist überholt, selbst der Atheismus ist heute gesellschaftlich akzeptiert und zieht keine Sanktionen nach sich.

Parallel hierzu die Einführung demokratischer Strukturen in Deutschland nach dem zweiten Weltkrieg. Ehemals geschätzte Werte wie Obrigkeitstreue oder Pflichtgehorsam waren verpönt. Gesellschaftlich erwünscht ist heute der mündige Bürger, der Sachverhalte kritisch hinterfragt. Vollkommene individuelle Entfaltung sowohl beruflicher wie auch privater Natur sind die neuen Leitsätze des 21. Jahrhunderts. Da die wirtschaftliche Erwartungshaltung ein Spiegelbild ihres sozial gesellschaftlichen Pendants ist, gab es auch hier mannigfaltige Veränderungen. Das Verkümmern traditioneller gemeinschaftlicher Fundamente wie die Familie oder die Religion einerseits und die edeutungszunahme materialistischer Vermögensverhältnisse andererseits hat zu einer klaren Werteverschiebung geführt.

Der Wunsch nach gesellschaftlichem Aufstieg in Form der Maximierung des persönlichen Einkommens hat die gegenwärtige „Ellbogenmentalität" maßgeblich geprägt. Die Anonymität in Großunternehmen mit mehreren 10.000 Angestellten in verschiedensten Ländern tut hierzu ihr übriges, und sorgt dafür dass sich die einzelne Führungskraft nicht für die Belegschaft verantwortlich fühlt. Personal steht im Zweifelsfall dem alles übergeordneten Ziels der Renditeerhöhung im Wege und wird kurzerhand abgebaut, trotz wirtschaftlich guter Entwicklung des Unternehmens.

---

[1] Ralpf Giordano: Freiheit? Öffentlich küssen, Kino, Musik und streiten, 13.6.2007, http://www.abendblatt.de/daten/2007/06/13/754801.html, [01.06.2008].
[2] Vgl. Eisenmann (2006), S.128 ff. u. S.175 ff.

Führungskräfte mit alternativer Mentalität, wie bspw. einem kollegialen Führungsstil haben es hier gleich doppelt schwer. Sie müssen sich ihre Überzeugung nicht nur zu Weilen als Schwäche auslegen lassen, sondern ihre Position stetig gegen Konkurrenten im eigenen Unternehmen behaupten, die an ihrem Stuhl sägen und der Geschäftsleitung die Realisierung höherer Renditen in Aussicht stellen. In Konsequenz kann sich eine Führungskraft in der heutigen Schnelllebigkeit der Wirtschaft und Fokussierung auf Shareholder Value kein Gewissen erlauben, um seine eigene Position dauerhaft zu sichern. Der Bedeutungsverlust der sozialen Marktwirtschaft, hin zum angelsächsisch nordamerikanischen Turbokapitalismus ist der Wertewandel des 21. Jahrhunderts, der sich aufgrund der Globalisierung auch nicht stoppen lässt.[3]

2.3 Benimmregeln: Normen der Wirtschaftswelt

Entscheidend für Führungskräfte in Bezug auf ihren beruflichen Erfolg sind die Normen der Wirtschaftswelt – die Benimmregeln. Hierbei lassen sich drei Gruppen von Verhaltensregeln unterscheiden:

Die erste Gruppe sind Normen der allgemeinen Erwartungshaltung eines Kulturkreises. So gelten Tugenden wie Pünktlichkeit, Höflichkeit, Hilfsbereitschaft oder Fleiß in allen westlichen Industrieländern als wünschenswert und finden aufgrund dessen auch ihren Weg in die Geschäftswelt. Es sind unausgesprochene Erwartungen der Unternehmen an ihre Mitarbeiter, die grundlegende Basis insbesondere für Führungskräfte ist, um ein professionelles und engagiertes Bild der eigenen Person zu vermitteln.

Die zweite Gruppe sind branchenspezifische Benimm- bzw. Verhaltensregeln. Ein Beispiel hierfür ist der Dresscode. Während in der Informationsbranche Freizeitbekleidung während der Arbeitszeit bevorzugt wird, um ein lockeres und ungezwungenes Arbeitsklima zu schaffen, herrscht bei Kreditinstituten strikte Ordnung zu formeller Bekleidung. Hier steht die Wahrung eines konservativen, seriösen und vertrauensvollen Auftritts gegenüber den Kunden im Vordergrund.

Drittens sind noch die unternehmensspezifischen Normen zu nennen. Diese letzte Gruppe stellt in Summe die Unternehmenskultur dar. So gibt es in der Medienwirtschaft bspw. Unternehmen die einen Führungsstil pflegen, der das besagt lockere Arbeitsumfeld stützen soll, um Kreativität zu fördern. In anderen Unternehmen der Branche ist man der Überzeugung der betont hierarchisch geprägte Führungsstil sei die bessere Variante. In Konsequenz versucht die eine Seite der Unternehmen das

---

[3] Vgl. Oesterdiekhoff (2001) S.41 ff. u. S.91 ff.

Gemeinschaftsgefühl zu stärken, und den Mitarbeitern auf diese Weise einen Teil des Leistungsdrucks zu nehmen. Die Gegenseite hingegen will gerade einen hohen Leistungsdruck nutzen um die Mitarbeiter bis an ihre Grenzen zu treiben, bei Nichterfüllung der Vorgaben werden Mitarbeiter umgehend durch alternative Bewerber ersetzt. Diese grundlegenden Vorstellungen sind eng verknüpft mit der Organisationsstruktur eines Unternehmens. Die Führungskraft muss sich der unternehmensspezifischen Normen bewusst sein und gewillt sein diese anzuerkennen, wenn sie auf Dauer in der Organisation erfolgreich sein will.

Zuletzt sei noch die Bedeutung der informellen Strukturen erwähnt. Weder aus dem Organigramm noch den konkreten Stellenbeschreibungen zu erkennen, besitzt jede Unternehmung informelle Strukturen, die ständig in Bewegung sind und sich weiterentwickeln. Die Führungskraft muss diese Strukturen zur Kenntnis nehmen, wenn eine erfolgreiche Führung der Mitarbeiter garantiert sein soll. Nur wenn er auch den Erwartungen der informellen Strukturen gerecht wird, ist seine Führung akzeptiert.[4]

2.4 Kulturelle und regionale Unterschiede

Die Verkettung der weltweiten Märkte nimmt ständig zu. Die stetig an Fahrt gewinnende Globalisierung sorgt durch die zunehmend international bzw. global agierenden Unternehmen, für einen Anstieg des geschäftlichen wie auch kulturellen Informationsaustausches über Ländergrenzen hinweg. Die Anforderungen an Flexibilität und Mobilität von Führungskräften nimmt zu. Ihre Arbeit beschränkt sich nicht mehr nur auf den originären Heimatmarkt der Unternehmung, sondern sie kommen auf kurzen Geschäftsreisen oder gar einer längeren Beschäftigung im Ausland mit fremden Kulturen und Bräuchen in Kontakt. Folglich ist es für Führungskräfte von vitalem Interesse die landesspezifischen Besonderheiten zu kennen und zu beachten, will man den einheimischen Geschäftspartner nicht brüskieren oder vor den Kopf stoßen.

Unlängst besitzen große Kapitalgesellschaften bereits multikulturelle Belegschaften mit dutzenden verschiedenen Nationalitäten. Daher ist keine Beteiligung unterschiedlicher Unternehmen von Nöten. Bereits bei einem Stellenwechsel ins Ausland innerhalb des eigenen Unternehmens ist die Kenntnis landesüblicher Geflogenheiten für die Führungskraft unumgänglich, will man sich in die Belegschaft erfolgreich integrieren.[5]

---

[4] Vgl. Nolte (2006), S.17 ff.
[5] Vgl. Klein (2004), S.9 ff.

2.4.1 Der asiatische Raum

Als Beispiele für den asiatischen Kulturraum seien Japan und Südkorea angeführt. In Japan besteht ein, gemessen an europäischen Maßstäben, sehr enges Verhältnis zwischen Mitarbeitern und Unternehmen. Auch nach Arbeitsschluss wird ein Großteil der Freizeit mit den Arbeitskollegen verbracht, in gemeinsamen Abendessen, Freizeitaktivitäten oder Wochenendausflügen. Je nach Unternehmensphilosophie finden diese Aktivitäten mit den Familien der Mitarbeiter oder ohne diese statt. In letzterem Fall verbleibt dem erwerbstätigen Elternteil, in Japan fast ausschließlich der Mann, deutlich weniger private Zeit mit seiner Familie als wir dies in Europa gewohnt sind. Ein Zustand der für Führungskräfte, die für ihr europäisches Unternehmen in Japan beschäftigt sind, unter Umständen nur schwer zu akzeptieren ist. Ungeachtet ob diese lediglich ein vom Arbeitgeber losgelöstes Privatleben führen möchten, oder gar eine Familie besitzen und in Folge dessen ein traditionell europäisches Familienleben anstreben.

In Südkorea ist bspw. der Karaokegesang eine beliebte Feierabendaktivität, die auch hier von den Mitarbeitern gemeinsam bestritten wird. Der Gesang in der Gruppe verbunden mit der Geselligkeit eines traditionellen Abendlokals soll das Zusammengehörigkeitsgefühl der Belegschaftsmitglieder stärken und Blockaden abbauen. Eine solche Vorgehensweise ist für die eher konservative und zurückhaltende Mentalität zwischen deutschen Mitarbeitern wahrscheinlich undenkbar.

Für eine Führungskraft, die einen Aufenthalt von einigen Jahren in diesen Ländern absolviert aber eine wertvolle Erfahrung und dürfte auch nach der Rückkehr nach Deutschland die Kommunikations- und Führungsqualitäten nachhaltig gesteigert haben.[6]

2.4.2 Nordamerika – die USA

Obwohl der nordamerikanische Kontinent dem europäischen Kulturkreis weltweit am meisten ähnelt, gibt es selbst zwischen diesen geschichtlich eng verbundenen Gebieten Unterschiede in den Wert- und Normvorstellungen, die für Führungskräfte von äußerster Bedeutung sind. So unterscheidet sich bereits der Lebensstil der US-Amerikaner von dem kontinentaleuropäischen. Die persönliche Freiheit und die uneingeschränkte Entfaltung ist des Amerikaners höchstes Gut. Bedingt durch den weit verbreiteten Patriotismus besteht zwar ein Zusammengehörigkeitsgefühl, doch gerade finanziell sieht sich ein jeder nur für sich selber verantwortlich. In Deutschland wird ein

---

[6] Vgl. Klein (2004), S.136 ff.

soziales Gleichgewicht angestrebt durch Umlageverfahren mittels Steuersätzen, dies wäre für die US-Bevölkerung undenkbar. Hier herrscht der Kapitalismus in reinster Form vor, und wird von der Bevölkerung, vor allem in den gehobenen Managementetagen, ausgelebt.

Auch wenn diese Unterschiede in erster Hinsicht als vernachlässigbar erscheinen, hat sich bereits bei verschiedenen Fusionen oder feindlichen Übernahmen zwischen deutschen und amerikanischen Unternehmen gezeigt, dass diese auf lange Sicht oftmals an den unterschiedlichen Unternehmenskulturen und damit Führungsstilen gescheitert sind. Beispiele hierfür sind DaimlerChrysler oder AdidasReebok. Alleine der Gedanke vermeidlich von Übersee fremdbestimmt zu sein genügt, um Unmut in der Belegschaft zu säen, vor allem wenn unpopuläre Entscheidungen getroffen werden, z.B. Stellenabbau. Angelsächsische Unternehmen sind meist über die strengen deutschen Sozialabsicherungen schockiert, aus ihrem Heimatmarkt an eine „Hire and Fire" Mentalität gewöhnt und überrascht durch die vergleichsweise hohen Sozialabgaben von Seiten des Arbeitgebers.

Doch auch in persönlicher Korrespondenz zeigen sich zwischen Deutschland und den USA Unterschiede. Präsentationstechniken in denen der Vortragende nur einhändig gestikuliert während er die andere Hand in einer der Hosentaschen belässt gelten in den USA als gewohter Standard. Vor allem alteingesessene deutsche Führungskräfte deuten ein solches Verhalten hingegen als arrogant, oder vermuten ein fehlende Ernsthaftigkeit auf Seiten des Vortragenden.

Des Weiteren ist eine für zentraleuropäische Verhältnisse beinah peinliche Höflichkeit und übertriebene Freundlichkeit im angelsächsischen Geschäftsverkehr Gang und Gebe. Obwohl sich amerikanische Geschäftsleute darüber im Klaren sind, dass dies viel mehr den vorherrschenden „Smalltalk"-Regeln entspricht als ernst gemeint zu sein, kann dies zu Irritationen bei ausländischen Geschäftsleuten führen. Deutsche Führungskräfte könnten mit ihrer gewohnt konservativ zurückhaltenden Art einerseits ihren Geschäftspartner verunsichern, und anstatt Offenheit unbewusst Ablehnung signalisieren. Andererseits könnte der Amerikaner sein deutsches Konterfei mit seiner ungewohnt offenen Art irritieren.[7]

---

[7] Vgl. Klein (2004), S.114 ff.

2.5 Persönliche Wertvorstellungen vs. Unternehmensziele

Eine Führungskraft muss ebenfalls Flexibilität gegenüber der eigenen Unternehmenskultur vorweisen. Wechseln die Vorstandsmitglieder so ist dies oft mit der Einführung neuer Unternehmensziele und Leitsätze verbunden. Als Konsequenz kann sich innerhalb einer Dekade die Unternehmenskultur, und damit die Wert- und Normvorstellungen der Organisation, so radikal verändern, dass die Vorstellungen des Unternehmens, bspw. bezüglich des Führungsstils, im krassen Gegensatz stehen zu den früheren Überzeugungen der Unternehmen, welche ehemals der Führungskraft zum Zeitpunkt seiner Bewerbung zugesprochen haben mögen.

Ein Beispiel wäre ein Personalvorstand der Jahre darum bemüht war die bestmöglichen Fachkräfte auf dem Arbeitsmarkt anzuwerben, mit entsprechendem Kostenaufwand. Dem gegenüber könnte ein Wechsel der Unternehmensziele auf Shareholder-Value stehen. Damit verbunden die Maximierung kurzfristiger Renditeziele begleitet von massivem Arbeitsplatzabbau. Dies hätte die Liquidierung eines Teiles des mit den Fachkräften aufgebauten Know-Hows zur Folge. Der Personalvorstand kann nun entweder sich den veränderten Rahmenbedingungen anpassen und muss seine persönliche betriebswirtschaftlichen Überzeugungen verwerfen, oder er kündigt seinen Posten.

Exemplarisch ist in diesem Zusammenhang die Änderung der Unternehmensziele und Corporate Identity der Deutschen Bank zu sehen. Der Wechsel des Vorstandspostens im Jahr 2002 von Rolf Breuer auf Josef Ackermann läutete eine neue Strategie ein, die erstmals ein klares Bekenntnis zur Leistungs- und Aktionärsorientierung enthielt. Abbildung 2.5-1 zeigt das Ergebnis des Wechsels der Unternehmensleitsätze. Sechs Jahre später lässt sich als Resümee der Amtszeit Ackermanns bestätigen, dass die Bank so profitabel ausgerichtet wurde wie niemals zuvor. Eigenkapitalrenditen von gut 20% nach Steuern sind ein deutliches Zeichen hierfür und dass die anvisierten Unternehmensziele erreicht werden konnten. Fraglich ist allerdings zu welchem Preis für die Belegschaft. Die Steigerung der Rentabilität wurde nicht nur durch Gewinnsteigerung im Investmentbanking oder Kreditkundengeschäft ermöglicht. Zehntausende Mitarbeiter fielen in Deutschland den Rationalisierungswellen zum Opfer. Ein gutes Betriebsklima bzw. Arbeitsplatzsicherheit für die Belegschaft waren für das Unternehmen fortan vernachlässigbare Werte. Entweder man unterwarf sich dem harten Konkurrenzkampf in der Belegschaft und ging vielleicht siegreich hieraus hervor oder man gehörte zu den Wellen der überflüssig gewordenen Mitarbeiter.

Angesichts angespannter Verhältnisse auf dem Arbeitsmarkt bleibt dem einzelnen keine andere Wahl als die eigenen Moralvorstellungen zu verwerfen und sich den Anordnungen der höheren Hierarchieebenen anzupassen, bzw. sich vorbehaltlos der Leistungsgesellschaft zu unterwerfen.[8]

Die Unternehmensleitsätze der Deutschen Bank			
Neu (Ackermann)	**Alt (Breuer)**	**Neu (Ackermann)**	**Alt (Breuer)**
1. Leistungs- und Aktionärsorientierung Leistung bestimmt unser Handeln und schafft hohe Ergebnisse für unsere Aktionäre.	**1. Kunden-Fokus** Der Kunde steht im Mittelpunkt aller unserer Aktivitäten. Wir orientieren uns kompromisslos an seinen Zielen und Wünschen.	**4. Qualität** In unserem Handeln orientieren wir uns an den international führenden Standards und setzen unsere Ressourcen bestmöglich ein.	
2. Führungsstärke Bestens qualifizierte und hochmotivierte Mitarbeiter mit Unternehmergeist stärken unsere international führende Position.		**5. Innovation** Wir stellen herkömmliche Ansätze immer wieder in Frage und entwickeln neue Lösungen zum Nutzen unserer Kunden.	**3. Innovation** Wir stellen herkömmliche Ansätze immer wieder in Frage und entwickeln neue Lösungen zum Nutzen unserer Kunden.
3. Teamwork weltweit In der Zusammenarbeit macht uns die Vielfalt unserer Mitarbeiter und Geschäftsfelder erfolgreich, die auf globale Präsenz und internationale Firmenkultur aufbaut.	**2. Teamwork** In der Zusammenarbeit macht uns die Vielfalt unserer Mitarbeiter und Geschäftsfelder erfolgreich.	**6. Kunden-Fokus** Der Kunde steht im Mittelpunkt aller unserer Aktivitäten. Wir orientieren uns kompromisslos an seinen Zielen und Wünschen.	**4. Leistung** Leistung bestimmt unser Handeln.
		7. Vertrauen Unser Handeln ist von Verlässlichkeit, Fairness und Ehrlichkeit geprägt.	**5. Vertrauen** Unser Handeln ist von Verlässlichkeit, Fairness und Ehrlichkeit geprägt.

Quelle: Manager-Magazin.
Abb.: 2.5-1: Wechsel der Leitsätze.

2.6 Die Bedeutung der Unternehmensethik

Die seit Jahren zunehmende Fokussierung der großen Kapitalgesellschaften auf die Aktionäre und großen Eignergruppen, verbunden mit Stellenabbaumaßnahmen im Bereich von zehntausenden Mitarbeitern trotz jährlicher Rekordgewinnmeldungen ist am Großteil der Wirtschaftswissenschaftler nicht spurlos vorüber gezogen. Nach kurzer Zeit wurde bereits der Begriff der Unternehmensethik geschaffen, bald darauf sogar an manchen Hochschulen als Unterrichtsfach mit eigens eingerichtetem Lehrstuhl. Der deutsche Philosoph Bernhard von Mutius hierzu: „Wir erleben gegenwärtig eine Renaissance der Werte-Diskussion, die auch und gerade vor den Unternehmenstoren nicht halt macht."[9]

Die schonungslose Behandlung der Belegschaften, die zu Teilen seit Jahrzehnten in den betroffenen Unternehmen tätig waren und durch ihre geleistete Arbeit den derzeitigen Erfolg von DAX-Schwergewichten wie BMW oder Deutsche Bank mitbewirkt haben, trifft auf wachsende Kritik in der breiten Masse der Gesellschaft. Die traditionellen Werte der sozialen Marktwirtschaft wie „Wohlstand für alle", oder die Wahrung des Zusammenhalts der Gesellschaft durch Angleichung der Sozialverhältnisse mittels Umverteilung, scheinen in Zeiten einer Vergrößerung der sozialen Schere zwischen Arm und Reich sowie häufiger Entlohnung unterhalb des

---

[8] Vgl. Hemel (2007), S.59 ff.
[9] o.V. (smz): Wertvorstellungen, 23.05.2007; URL: http://smz.eu/werte_de.html#Zitate, [01.06.2008].

Existenzminimums, keine Bedeutung mehr zu besitzen. Verantwortliche in Wirtschaft und Politik, aber auch unabhängige Wirtschaftsgelehrte diskutieren daher im Rahmen der Unternehmensethik über die Verantwortung der Unternehmen und der privilegierten Einkommensgruppen gegenüber dem Rest der Gesellschaft. Werfen im Rahmen dessen Fragen auf, ob Werte wie Rentabilitätsmaximierung, „profit first" oder eine möglichst hohe Leistungsverdichtung, ohne Rücksicht auf die Verlierer dieser Entwicklung, auf lange Sicht sowohl ökonomisch als auch bezüglich der Stabilität der Gesellschaft zweckmäßig sind.

Doch ungeachtet dessen, welche Wertvorstellungen solche Debatten schlussendlich zu Tage fördern, stellt sich die Frage, ob Deutschland angesichts einer anhaltenden Globalisierung überhaupt die Wahl hat volkswirtschaftlich einen anderen, sozial gerechten Weg zu gehen. So sind Werte wie eine ausreichende Rentenversorgung alter Menschen, die Krankenversorgung von Bedürftigen ohne entsprechende Versicherungsleistung oder die Sicherung eines Mindestlohnes durchaus nobel und erstrebenswert, doch sie müssen mit der wirtschaftlichen Realität Schritt halten können. Wie soll die Politik einen deutschen Fabrikarbeiter einen Mindestlohn von bspw. monatlich 1200€ Netto ermöglichen, wenn die gleiche Arbeit von einem chinesischen Fabrikarbeiter für 50€ geleistet wird. Der Staat kann dies unmöglich leisten, es ist wirtschaftlich gesehen fern von jeder Vernunft die entsprechende Leistung durch gesetzliche Mindestlöhne zwangsweise mit einem Vielfachen des marktüblichen Lohnes zu vergüten, nur um des Willens der Beschäftigung eines Niedrigqualifizierten. Die deutschen Unternehmen stehen im internationalen Wettbewerb. Nutzen diese nicht solche regionalen Kostenvorteile aus, sind sie schnell nicht mehr konkurrenzfähig. Dann sind nicht nur die Stellen in der Fertigung sondern auch die verbliebenen Arbeitsplätze in Deutschland, die oftmals im Bereich der Verwaltung, Forschung und Entwicklung sowie Marketing liegen, in Gefahr. Zusammenfassend lässt sich sagen, dass die entwickelten Ergebnisse im Bereich der Unternehmensethik größtenteils theoretischer Natur sind, da sich die Unternehmen wie auch der deutsche Staat der internationalen Konkurrenz und dem Lohndumping bei Geringqualifizierten nicht entziehen können.[10]

2.7 Renaissance traditioneller Werte

Nicht nur im Bereich der Wirtschaft, auch gesellschaftspolitisch hat der bereits dargestellte Wertewandel für reichlich Diskussionsstoff gesorgt. Lange Zeit ging man davon aus, dass mit dem Zusammenbruch des Ostblocks und damit des autoritär

---

[10] Vgl. Eisenmann (2006), S.101 ff.

geprägten Kommunismus, sich die westlichen Freiheitswerte und Ansichten zur individuellen Entfaltung durchgesetzt hätten. Man war davon überzeugt, die Wertevorstellung der Menschen habe einen vorläufigen Schlusspunkt der mittlerweile ausgereiften Moderne erreicht. Angestrebt wurde allen voran der berufliche Erfolg mit der eingehenden Steigerung des Einkommens. Traditionelle Werte wie Disziplin oder Treue galten als einengend für die Persönlichkeitsentfaltung und passten nicht mehr in einen „hippen" Lebensstil. Häufig wechselnde und unverbindliche Beziehungen waren gefragt, die möglichst wenig Verpflichtungen mit sich brachten um Einschränkungen zu vermeiden.

Aktuell erleben wir allerdings eine Renaissance der Werte in Teilen der Gesellschaft. Vor allem bis dato vollkommen auf Karriere ausgelegte Menschen erfahren, dass die Steigerung der Vermögungsverhältnisse alleine sie auf Dauer nicht mehr ausfüllt. Sie entdecken eine Leere in ihrem Leben, sind wieder auf der Suche nach Partnerschaft, Familie, Solidarität und Nächstenliebe. Anhänger dieser Gruppe werden als „Postmaterialisten" bezeichnet. Menschen in den niedrigen Einkommensgruppen sehnen sich nach Arbeitsplatzsicherheit anstelle von beruflicher Entfaltung, können mit dem rasanten Tempo der Wirtschaft nicht mehr mithalten, die Konservativen.

Abb. 2.7-1 gibt Auskunft über die Gesellschaftsanteile dieser und anderer wichtiger Gruppen in Deutschland. Dabei wird dargestellt, wie die einzelnen Überzeugungen in Abhängigkeit zu sozialer Lage und Grundorientierung stehen.

Abb. 2.7-2 gibt nähere Informationen über die einzelnen Wertegruppen. Sozialwissenschaftler sind der Auffassung, dass die bisherigen Entwicklungen der letzten 100 Jahre weniger einen Wertewandel als einen Werteverlust darstellen. Es fehlen die Grundpfeiler wie Religion, Familie, Treue oder ein Gemeinschaftssymbole. Das klassische Beispiel hierfür, der Nationalstaat, geht als Instrument hierfür unaufhaltsam verloren. Ungebremste Zuwanderung und der überhitzte EU-Gemeinschaftsprozess, aber auch die besondere geschichtliche Last Deutschlands durch die Zeit des Nationalsozialismus erschweren einen unverkrampften Patriotismus und ein hiermit verbundenes „Wir-Gefühl". Der Gedanke sich als Ersatz hierfür als Europäer zu identifizieren kann nicht überzeugen.

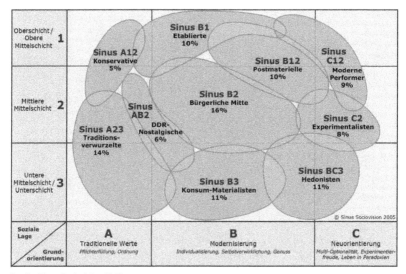

Quelle: Sinus Sociovision 2005.
Abb. 2.7-1: Soziale Lage und Werteorientierung.

Quelle: Sinus Sociovision 2005.
Abb. 2.7-2: Erläuterungen Wertegruppen.

Noch lässt sich allerdings keine Veränderung in den Wertprioritäten der Menschen nachweisen, Kirchenaustritte nehmen zu, Eheschließungen ab und Scheidungsquoten steigen weiter an. Welche Uneinigkeit derzeit über das Thema der Werte und Normen herrscht zeigt sich durch die Bildung von neuen wissenschaftlichen Teilgebieten zu diesem Thema, wie der Wirtschafts- oder auch Sozialethik, und die hohe mediale Präsenz.[11]

---

[11] Vgl. Lübbe (1990), S.155 ff. ; Rödder (2006), S.18 ff.

3 Körpersprache als nonverbale Kommunikation

3.1 Verhalten und Handlungen

3.1.1 Verhaltensarten und ihr Grund

Das Verhalten ist die Summe der beobachtbaren Aktivitäten des lebenden Organismus. Es drückt sich in den Verhaltensweisen der Kommunikation (Gestik, Mimik, Höflichkeit, Wortwahl usw.) aus.

Interaktion zwischen zwei oder mehr Menschen findet auf mehreren Ebenen statt. Sie beruht teils auf dem Austausch von inhaltlichen Äußerungen sowie auf einer sorgsamen gegenseitigen Abstimmung des Verhaltens. Kommunikation jeder Art kann betrachtet werden als ein Vorgang zwischen einem Sender, der eine Botschaft enkodiert, und einem Empfänger, der sie dekodiert, so dass das Signal für beide eine Bedeutung hat. Während der Kommunikation können Verhaltensweisen dem Sender schaden und dem Empfänger nutzen, dem Sender nutzen und dem Empfänger schaden oder für den einen und den anderen neutral sein. Die Tab. 3.1-1 zeigt die Übersicht.

Verhaltensweise	Auswirkung auf Sender	Auswirkung auf andere	Beispiele
Selbstbehauptungs-Verhalten	zum eigene Nutzen	auf Kosten anderer	gemäßigte Wettbewerbe (Verhandlungen) bis Vollkriminalität
Selbstgenügsames Verhalten	zum eigene Nutzen	ohne Einfluss auf andere	private/ soziale Befriedigungen
Kooperatives Verhalten	zum eigene Nutzen	zum Nutzen anderer	Geschäfte, Handel, Tausch und Gespräch
Entgegenkommendes Verhalten	ohne Einfluss auf eigenen Nutzen	zum Nutzen anderer	Freundschaft, Großzügigkeit
Altruistisches Verhalten	auf eigenen Kosten	zum Nutzen anderer	liebevolle Hingabe, Menschfreundlichkeit, Selbstaufopferung

Quelle: Rückler (2000), S. 78.

Tab. 3.1-1: Auswirkungen von Verhaltensweisen auf Sender und Empfänger.

Instinkthandlungen sind artspezifische, angeborene komplexe Verhaltensweisen, die aus gegeneinander abgrenzbaren Grundbausteinen des Verhaltens aufgebaut sind und den Ablauf primärer Triebe sichern.

Bei *angelernten und selbst entdeckten Verhaltensweisen* funktioniert das Lernprinzip: Wird ein Verhalten belohnt, wird es reproduziert, wird es bestrafft, so wird es unterdrückt. Bei der Eignung solcher Verhaltensweisen spielen Erfahrung, Einsichten und das Entdecken eine große Rolle.

Übernommene Verhaltensweisen werden zuerst als Verhaltensweisen von Vorbildern imitiert und später als eigene Verhaltensweisen reproduziert. Dabei kann die Erinnerung an die ursprüngliche Imitation verloren gehen.

Nachgeahmte Verhaltensweisen sind von der Person akzeptierte Verhaltensweisen, die bewusst oder unbewusst und unbemerkt von Vorbildern, Gesellschaft oder Vorgesetzten übernommen worden sind.

Reaktive Verhaltensweisen sind im Mensch begründet. Nicht die Außenreize an sich, sondern die Art und Weise, wie diese Reize verarbeitet werden, entscheidet darüber, wie sich die Person in einer konkreten Situation verhält.

Bestimmte Botschaften können nur durch *kombinierte Verhaltensweisen,* d.h. in Zusammenhang mit anderen Zeichen (u.a. Körpersprache) verstanden werden.

3.1.2 Handlungsarten und ihre Bedeutung

Menschliche soziale Handlungen werden mit bestimmten verstandesmäßigen Zielen initiiert und geplant; die Durchführung unterliegt der eigenen Lenkung, befolgt Spielregeln und hat für den Handelnden Bedeutung.[12]

Den Handlungen liegen Prozesse zugrunde, die durch innere und äußere Reize ausgelöst werden und enden in Bewegungen (Tab. 3.1-2 und Abb. 3.1-1).

kognitiv	affektiv
Alle Vorgänge, die der objektiven Erfassung der Außenwelt dienen; Sinnesempfindungen, Wahrnehmen, Errinern, Lernen, Denken.	Gefühle oder Emotionen, mit denen das Individuum auf Einwirkungen der Umwelt reagiert und die das Individuum zu bestimmten Handlungen motivieren.

Quelle: Rückler (2000), S. 101.

Tab. 3.1-2: Kognitive und affektive Grundlagen und entsprechende Handlungen.

---

[12] Vgl. Argyle (1992), S. 59.

Quelle: Rückler (2000), S. 101.

Abb. 3.1-1: Reize enden in Bewegungen bzw. Handlungen.

Symbolhandlungen (Rituale) sind Handlungen, welche symbolisch und oft unter Verwendung von Gegenständen innere Regungen ausdrücken, z.b. das Rauchen.

Übersprungshandlungen sind Ausweichhandlungen, die im Augendblick eines Konflikts oder der Frustration ausgeführt werden. Dabei wird nicht die primäre Funktion erfüllt, sondern innere Spannung abreagiert, z.b. unter Umständen Gesichtsberührungen, in der Tasche mit den Münzen klimpern, Brille zurechtrücken oder säubern, Finger betrachten, Männchen malen, Papier ordnen.

Ersatzhandlungen können in Aggression oder Liebe begründet sein. Sie sind nicht auf das Objekt – auf die Person – gerichtet, für die sie bestimmt sind, z.B. wütender Mitarbeiter haut mit der Faust auf den Tisch und sieht im Tisch das Ersatzobjekt für den Verursacher.

3.2 Stress und Konflikte

3.2.1 Umgang mit dem Stress

Stress ist eine natürliche Körperreaktion zur Bewältigung besonderer Auforderungen ausgelöst durch spezifische Reize (Stressoren). Körpersprachlich werden Stressoren mit Kampf-, Flucht- und Rückzugreaktionen beantwortet.   Zur Rückzugreaktion gehören Verhaltensweisen, wie Fingernägel- oder Knöchelkauen und Hände vor Gesicht schlagen, um den Stressor nicht wahrnehmen zu müssen, oder Hände auf die Brust oder andere Körperteile legen, um sich gegen den Stressor zu schützen.

Im Management werden hohe und höchste Anforderungen an die Leistungen in der jeweiligen Rolle gestellt. Da der Stress zur Emotionen führt und unkontrollierbare, verräterische Verhaltensweisen produzieren kann, ist es für Manager besonderes wichtig, dass Situationen stressfrei angenommen werden können.

Folgende Maßnahmen können bei Stress auslösenden Situationen helfen:[13]

- Autogenes Training: Technik der Selbstbeeinflussung;
- Aufbau realistischer Vorstellungen: Einüben von Akzeptanz des Positiven und Negativen;
- Konfrontation mit den belastenden Situationen;
- Lernen „nein" zu sagen;
- Thymusklopfen: Durch mehrmaliges Klopfen mit dem Knöchel einer Hand auf das Brustbein kann der Thymus reflexartig aktiviert werden, was vor unbewusstem Stress schützen kann.

3.2.2 Konflikte: Sinn, Reaktion, Lösungen

Ein Konflikt entsteht, wenn Ziele, Bedürfnisse, Rollen, Gefühle, Strebungen, Triebe usw.

- gleichzeitig,
- gleich stark und
- sich ausschließend

vorhanden sind. Entsprechend ergibt sich dann ein Zielkonflikt, ein Bedürfniskonflikt, ein Rollenkonflikt usw.

Konflikte entstehen selten um ihrer selbst willen und haben einen Sinn:[14]

1. Konflikte helfen, vorhandene Unterschiede zu verdeutlichen und damit für Beteiligte greif- und nutzbar zu machen;

2. Konflikte schaffen die Übereinstimmung in der Gruppe. Sie helfen dabei, die erkannten Unterschiede zu überwinden und das Team zusammenzuschließen;

3. Durch Streit und Diskussion innerhalb eines Konflikts können viele unterschiedliche Meinungen zusammenkommen, die im Vergleich zu einer Einzelmeinung ungleich komplexer sind;

4. Konflikte garantieren Gemeinsamkeit, in dem sich mindestens eine von zwei Konfliktparteien auf die andere soweit zubewegt, dass eine Einigung gefunden werden kann;

5. Konflikte leiten die Veränderungen ein, aber nie werden alle Gruppenmitglieder gleichzeitig ihr Verhalten ändern. Nur wenn die Veränderung sich als richtig und notwendig erweist, werden immer mehr Menschen dem neuen Weg folgen;

---

[13] Vgl. Rückler (2000), S. 98 ff.
[14] Vgl. Gommlich (1999), S. 36 ff.

6. Der Sinn eines Konflikts kann auch im Erhalt des Bestehenden gesehen werden. Indem innerhalb einer Gruppe ein Sündenbock ausgemacht werden kann, sorgt ein Konflikt auch für Stabilität innerhalb der Gruppe.

Wer den Umgang mit Konflikten nicht erlernt hat, reagiert „normalerweise" mit so genannten „Primitivreaktion" (Punkte 1-3) und/ oder persönlichkeitsspezifischen Reaktionen (Punkte 4-12):[15]

1. fliehen, sich verstecken, sich tot stellen;
2. kämpfen und triumphieren;
3. sich unterwerfen;
4. ignorieren – nicht wahrnehmen;
5. verdrängen – vergessen;
6. umdeuten – aus dem Negativen etwas Positives machen;
7. koalieren – sich mit denen zusammen tun, die auch dagegen/ dafür sind;
8. rechtfertigen – Schuld verlagern durch Scheinargument;
9. Hilfe herbeirufen – stärkere/ mächtigere benutzen;
10. kompensieren – Minderleistungen mit Leistungen in anderen Bereichen ausgleichen;
11. somatisieren – körperliche Symptome ausbilden;
12. regredieren – wer regrediert, zeigt Kindheitsverhalten, er zieht sich (unbewusst) in die Kindheit zurück.

Körpersprachlich zeigen sich die Konflikte oft, indem Zeige- und Mittelfinger vom Ring- und kleinen Finger abgespreizt werden. Anders ausgedrückt: Werden Finger so gespreizt, wird mit höchster Wahrscheinlichkeit ein Konflikt eingeleitet.
Für den Umgang mit anderen Menschen im Bereich Führung sind effektive Reaktionen besonders in Konfliktsituationen wichtig.

Zur Lösung von Konflikten untersuchen Ruble und Thomas[16] die möglichen Strategien im Konfliktfall. Die Strategien basieren auf der relativen Position zwischen zwei Konfliktparteien zueinander, sind also situations- und personenabhängig. Sie stellen den Zusammenhang in einem zweidimensionalen Modell dar, was in der Abb. 3.2-1 gezeigt ist.

---

[15] Rückler (2000), S. 125.
[16] Ruble (1976), S. 36 f.

hohes Durchsetzungs-vermögen	Zwang	Zusammenarbeit
niedriges Durchsetzungs-vermögen	Vermeidung	Nachgeben
	Niedriger Wille zur Mitarbeit	Hoher Wille zur Mitarbeit

Quelle: Ruble (1976), S. 36.
Abb. 3.2-1: Strategien zur Konfliktlösung.

Zwang drückt den Wunsch aus, eigene Position gegen den Widerstand anderer durchzusetzen. Es wird eine „Win-Lose" Strategie verfolgt.

Vermeiden bedeutet, dass der Konflikt nicht ausgetragen wird und die Situation unverändert erhalten bleibt. In dieser Situation ist es wahrscheinlich, dass beide Seiten verlieren – „Lose-Lose" Strategie.

Nachgeben repräsentiert die Situation, wo der Konflikt gelöst wird, aber die Position verloren geht – „Lose-Win" Strategie. Es handelt sich um eine häufige Paarung mit Zwangsstrategien.

Zusammenarbeiten ist die beste Möglichkeit für „Win-Win" Ergebnisse, da hier beide Seiten ihre Position voll einbringen und ein Ergebnis erarbeiten können.

Im Schnittpunkt der vier Strategien findet sich der Kompromiss. Je nach Wahrnehmung werden Kompromisse daher oft unterschiedlich beurteilt, oft mit dem Gefühl verbunden, nicht das bestmögliche Ergebnis erzielt zu haben. Die Matrix kann auch zur Strategieentwicklung verwendet werden, indem eine Position des Konflikts in der Ausprägung der Position der Gegenpartei angepasst wird. Dies führt oft zu einem Stillstand („Lose-Lose"), der dann durch Verhandlungen einer Zusammenarbeit verändert werden kann.

3.3 Körper als Kommunikationsmedium

Die nonverbale Kommunikation in der menschlichen Gesellschaft findet Anwendung in folgenden Bereichen:[17]

- Unterstützung der Sprache;
- Ersatz für die Sprache;
- Ausdruck von Emotionen;
- Ausdruck von interpersonellen Einstellungen;
- Mitteilung über die Person;
- in Zeremonien und Ritten;
- in der Werbung, bei politischen Veranstaltungen und Demonstrationen;
- in den Künsten.

„Keine Bewegung ist zufällig, sonder Ergebnis bewussten oder unbewussten Denkens"[18], die Bedeutung dieser Bewegungen (nonverbale Signale) variiert je nach der speziellen Situation innerhalb einer Gemeinschaft.

3.3.1   Gesicht und Mimik

Das Gesicht ist der wichtigste Bereich des Körpers für nonverbale Signale. Durch dessen hohe Ausdruckskraft kann es besonders gut Informationen senden und wird daher am meisten beachtet. Mimik umfasst die Bewegungen der Gesichtsmuskulatur (Mienenspiel), und dient dem Ausdruck von Gefühlen, Emotionen, Gedanken oder Wünschen.

Die *Stirn* dient meist als Hilfsfunktion für den Augenausdruck, z.B. senkrechte Falten beim Fixieren der Blickrichtung (Konzentration), waagerechte Stirnfalten beim Staunen oder Schrecken.
Augenbrauen gekoppelt mit Lidstellung und Stirnrunzeln ermöglichen ein unendliches Spiel von mimischen Ausdrücken, z.B. Zusammenziehen der Augenbrauen bei Verwunderung oder Aggression, Hochziehen, bei Überraschung oder Angst.
Augen als „Spiegel der Seele" werden besonderes häufig mit seelischen Zuständen in Verbindung gebracht. Es gibt lachende und weinende Augen. Augen können verführerisch, zart oder liebkosend schauen. Blicke können erregen, packen, begeistern. Blicke können „mehr als tausend Worte sagen", aber auch „töten".
Die *Nase* reagiert relativ früh auf die Situation mit Erblassen oder Erröten und so die Stimmung verrät – „Man sieht es ihm an der Nasenspitze an".

---

[17] Agyle (1992), S. 58.
[18] Molcho (1988), S. 14.

Der *Mund* ist der beweglichste Teil des Gesichts und das Zentrum für Glück und Schmerz, z.B. verschobene Lippen sind als feindliches Signal zu deuten, zurückgezogene Lippen hingegen als Zeichen der Hereinnahme.

3.3.2 Gestik

„Gesten sind Ausdrucksbewegungen von Kopf, Arm, Hand oder Füße zum Zwecke der Kommunikation oder als Begleiterscheinung individueller Überlegungen bzw. Zustände."[19]

Unterscheidbar sind folgende Einzelgesten:[20]

- *Unterstreichungsgesten* dienen zur Unterstreichung eines Wortes oder einer Äußerung und sind meist mit rhythmischen Handbewegungen begleitet.
- *Zeige-/ Hinweisgesten* beziehen sich auf Sachverhalte, Darstellungen, Dinge oder Personen mit dem Ziel, auf diese aufmerksam zu machen. Als Hinweisfinger wird häufig der Zeigefinger benutzt. Gegenstände, insbesondere Schreibgeräte, dienen als Zeigefingerersatz.
- *Betonungsgesten* dienen der Untermauerung von Aussagen. Dabei kommt den unterschiedlichen Handstellungen entscheidende Bedeutung zu:
  o Handfläche nach oben (offene Hand) ist ein Zeichen der Freundschaft.
  o Handfläche senkrecht stellt eine neutrale Haltung dar.
  o Handfläche nach unten signalisiert eine niederdrückende, negative Meinung.
  o Faustgesten sollen den Worten Nachdruck verleihen.
  o Fingergesten wollen Aufmerksamkeit erwecken.
- *Abgrenzungsgesten* zeigen räumliche Gegebenheiten oder Zusammenhänge. Meist werden dabei die Handflächen senkrecht neben- oder übereinander und im entsprechenden Abstand gehalten.
- *Demonstrativgesten* verdeutlichen Sachverhalte, z.B. Größen, Gewichte, und sind oft Greifhaltungen. Aufwertend dargestellt zeigen die Handflächen nach oben. Abwertend ausgeführt zeigen die Handflächen nach unten.
- *Illustrierende Gesten* zeichnen u.a. Figuren, Schriftzeichen usw. in die Luft.
- *Berührungsgesten* wollen Kontakt zu Sachen oder Personen herstellen. Dabei werden meist der Unterarm, seltener die Schulter des Partners mit leichtem Druck und nach unten gerichteter Handfläche berührt.

---

[19] Rückler (2000), S. 384.
[20] Vgl. Rückler (2000), S. 386 ff.

- *Sprachersatzgesten* drücken symbolisch aus, was auch sprachlich formuliert werden könnte, aber aus Gründen der Entfernung oder der heimlichen Informationsweitergabe körpersprachlich ausgeführt wird.

- *Symbolische Gesten* sind Sprachersatzgesten, Ergänzungsgesten, Abschwächungsgesten oder dienen anderen zu vermittelnden Ausdrücken:
  - o Küssen der Fingerspitzen bedeutet Bewunderung, Lob oder Gruß.
  - o Am Augenlid ziehen bedeutet „Ich sehe, was sich hier abspielt" oder „Paß auf".
  - o Am Ohr zupfen bedeutet „Ich bestrafe mich selbst", eine Warnung.
  - o Nachdruckzeichen (mehrmaliges Nicken) mit dem Kopf bedeutet „Ja, so ist das!".

3.3.3 Körperhaltung

Die Körperhaltung ist ein wichtiges Mittel, um interpersonale Einstellungen und Gefühlszustände zu vermitteln.

Abb. 3.3-1 zeigt, wie die einzelnen Körperhaltungen interpretiert werden können: (a) neugierig, (b) verwirrt, (c) gleichgültig, (d) ablehnend, (e) beobachtend, (f) selbstzufrieden, (g) willkommen heißend, (h) entschloßen, (i) verstohlen, (j) suchend, (k) beobachtend, (l) aufmerksam, (m) heftiger Ärger, (n) aufgeregt, (o) sich streckend, (p) überrascht, dominant, misstrauisch, (q) schleichend, (r) schüchtern, (s) nachdenklich, (t) affektiert.

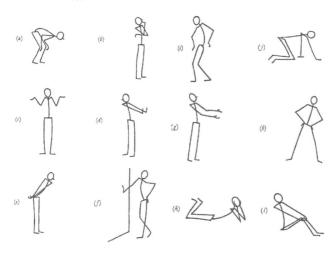

Quelle: Agyle (1992), Seite 256 f.

Abb. 3.3-1: Interpretation der Körperhaltung anhand Strichfiguren.

3.3.4 Verräterische Körpersprache

Körpersprache tritt nicht nur als Reaktion auf, sondern auch als Aktion begleitend und ankündigend auf. Ist jemand zur geplanten Handlung entschlossen, gleitet die vorbereitende Bewegung nahtlos in die angestrebte Handlung über. Reicht der Antrieb nicht aus, bleibt das Vorhaben auf die vorbereitende Bewegung beschränkt. Diese Bewegung verrät dann einem aufmerksamen Beobachter, was der andere vorhatte.

Sakko zuknöpfen	Der Partner fühlt sich angegriffen und schützt sich, oder er bereitet sich zum Gehen vor.
Zurückgehen	Der Partner „distanziert" sich vom Verhalten des anderen oder seinen eigenen Worten und leitet sein Weggehen ein.
Abwenden/ Wegschauen	So wird der Weg zum gehen (Ausweg!) gesucht.
Beine übereinander schlagen in Richtung Ausgang	Insbesondere mit gekoppeltem Aufstehstützgriff leitet dieses Verhalten das Aufstehen- und Weggehen-Wollen ein.
Ein Kunde greift erneut nach einem bereits betrachteten Gegenstand	Ein zweites In-die-Hand-Nehmen leitet fast immer weitere Kaufsignale ein.
Ein Verhandlungspartner klappt sein Notizbuch zu	Er möchte die Verhandlung beenden oder droht damit.

In Anlehnung an: Rückler (2000), S.310.

Tab. 3.3-1: Deutung bestimmter Handlungen.

In den Signalen, die der Körper aussendet, kann man viel darüber erfahren, woher die Person kommt (Standpunkt) und wohin sie geht (Ziel).[21]

3.4 Kleidung und Beruf

„In der Kleidung, in der Art, wie ein Mensch aussehen will, zeigt sich seine erwünschte gesellschaftliche Rolle und seine innere Einstellung."[22]

3.4.1 Urteil des Landesgerichts Hamm zur Kleiderordnung

Wie sich Angestellte anziehen, ist nicht immer nur ihrem eigenen Geschmack überlassen: Verkäufern zum Beispiel darf der Chef eine Kleiderordnung vorschreiben.[23]

Das berichtet die Zeitschrift «Junge Karriere» und beruft sich auf ein Urteil des Landesarbeitsgerichts Hamm (Az. 13 TaBv 36/31). Demnach kann der Chef Mitarbeitern mit Kundenkontakt etwa verbieten, mit offenem Kragen oder ohne Sakko zu erscheinen. Auch in Banken oder Versicherungen ist es laut der Zeitschrift zulässig, wenn Angestellte mit repräsentativen Aufgaben nicht in Jeans und Turnschuhen zur Arbeit kommen dürfen. Wo Kunden und Kollegen keinen Anstoß an lockerer Kleidung nehmen und diese auch nicht den betrieblichen Ablauf behindert oder gefährdet, muss sich der Arbeitgeber den modischen Vorlieben seiner Angestellten fügen.

3.4.2 Passende Bekleidung für den Manager

Nach Horst Rückle „Körpersprache für Manager"[24] oder „Der Deutsche Kniggerat"[25] gilt, dass die passende Kleidung von der Branche und dem Stil des Unternehmens abhängt.

Der deutsche Kniggerat empfiehlt bei der Kleiderwahl folgende Fragen zu beantworten:
- Welche Erwartungen hat mein Gegenüber an mich? Seriös? Kreativ? Hygienisch?
- Gibt es Bekleidungsregeln im Unternehmen?
- Wie kleiden sich Kollegen und der Vorgesetzte?

Die Kleidung im Beruf dient vielleicht weniger dazu sich selbst zu verwirklichen, sondern die Werte des Unternehmens nach außen zu tragen. Besonders der erste Eindruck der bei neuen Kunden, Mitarbeitern oder Vorgesetzten entstehen kann wird

---

[21] Vgl. Molcho (1988), S. 173.
[22] Rückle (1999), S. 337.
[23] o.V. (südkurier): Chef darf Verkäufern Kleiderordnung vorschreiben, 29.05.2008, URL: http://www.suedkurier.de/nachrichten/you_beruf/beruf_bildung/recht_im_beruf/art477,3231993, [18.06.2008].
[24] Vgl. Rückle (1999), S. 337ff.
[25] o.V. (knigge-rat): Kleidung, URL: http://www.knigge-rat.de/themen_kleidung.html, [18.06.2008].

durch die Kleiderwahl sehr beeinflusst. So kann es abhängig von der Branche und vom Umfeld passen, sportlich oder elegant gekleidet zu sein. In einem „lockeren" Umfeld kann ein Anzug spießig wirken und bei einer Verhandlung über einen Kredit kann sportliche Kleidung unseriös wirken. Was passende Kleidung ist hängt vom Beruf und den Werten des Unternehmens ab.

3.4.3 Seriöse Kleidung und der Sommer

Trotz Hitze bevorzugen viele Unternehmen seriöse Kleidung. So gilt bei vielen Banken und Versicherungen auch im Sommer die Pflicht Hemden mit langen Armen zu tragen. Das Sakko kann gegebenenfalls abgelegt werden, die Krawatte bleibt.

3.5 Körpersprache im Geschäftsalltag: Mitarbeiter, Partner, Kunden

Die Ausführungen zu „Körpersprache im Geschäftsalltag" basieren auf der Definition der Körpersprache von Herrn Rückle, welche wie folgt lautet: „Unter Körpersprache verstehe ich den Ausdruck von Energie und Information in Haltungen, Bewegungen und Symptomen".[26]

Die Körpersprache Anderer zu beobachten und richtig zu interpretieren, sowie sich der eigenen Körpersprache bewusst zu werden kann beim Umgang mit Mitarbeitern, Partnern und Kunden helfen diese besser zu verstehen und dadurch besser auf diese einzugehen. Worte sind nur ein Bestandteil der Kommunikation, welche nach Florian Gommlich und Andreas Tieftrunk[27] durch folgende Faktoren ergänzt werden:

- Körperbewegungen: Gesten, Mienenspiel, Haltungen und Handlungen.
- Nichtsprachliche Phänomene: Sprechpausen/ Schweigen, nichtsprachliche Laute (Lachen, Gähnen, Grunzen, Pfeifen).
- Eigene Position im Raum: Soziale Distanz, Orientierung des Körpers, Revierverhalten.
- Sonstiges: Menschliche Erzeugnisse wie Schmuck oder Kleidung.

Nach Watzlawick gilt: „Man kann nicht, nicht kommunizieren". Jemand der schweigend auf einem Stuhl in der Ecke sitzt, kommuniziert genauso wie jemand der lächelnd auf eine Person zugeht oder wie jemand der laut schreit. Kommunikation ist ein Austausch zwischen Menschen[28], der aus folgenden Bereichen besteht:

- Ein Prozess von Mitteilen und Zuhören;
- Agieren und Reagieren;

---

[26] Rückle (1999), S. 1.
[27] Gommlich (1999), S. 166.
[28] ebd., S. 19.

• Senden und Empfangen von verbalen und nonverbalen Signalen.

Laut Professor Mehrabian verteilt sich das Verhältnis zwischen Wortwahl, Betonung und Körpersprache und deren Wirkung wie folgt[29]. Diese Regel gibt ein ungefähres Verhältnis wieder:

• Wortwahl 7%;

• Betonung 38%;

• Körpersprache 55%.

3.5.1   Die vier Seiten einer Nachricht

1. Sachinhalt;
2. Selbstoffenbarung;
3. Beziehung;
4. Appell.

Die Kunst liegt darin das Kommunizierte richtig zu entschlüsseln und richtig zu interpretieren. Jede Nachricht besteht aus vier Seiten, welche mit vier Ohren gehört werden kann, wovon nur ein Teil dieser vier Seiten bewusst gesendet und wahrgenommen wird. Ausgesprochen wird oft nur der Sachinhalt, deshalb liegt es am Empfänger die anderen Seiten richtig herauszuhören. Dabei kann das Beobachten der Körpersprache helfen. Nach Rückle ist „...die Körpersprache grundsätzlich verlässlicher als die wörtliche Sprache"[30] und es ist schwer diese zu fälschen. Deshalb empfiehlt es sich, dass das Gesagte mit der inneren Einstellung übereinstimmt, sonst kann es passieren, dass man durch die unbewusste eigene Körpersprache verraten wird. Oder wie er es ausdrückt:

„Es geht also bei der Körpersprache um Zeichen, die jemand benutzt, um der Umwelt zu verstehen zu geben, wie er erlebt werden will oder mit denen er zeigt oder verrät, was in ihm vorgeht. Diese Signale verarbeiten und verstehen die Empfänger unbewusst mit erstaunlicher Genauigkeit. Harmonieren diese Signale nicht mit den begleitenden Worten oder mit dem sonstigen Wissen um die Person, stellen sich Misstrauen und Zweifel ein. Je harmonischer die Wirkungsmittel einer Person sind, desto vorurteilsloser wir sie angenommen."[31]

---

[29] Mehrabian, Albert: Silent message, URL: http://emw.fh-potsdam.de/Users/itdm/knicol/Websites/mehrabian.html, [19.06.2008].
[30] Rückle (1999), S. 42.
[31] ebd., S. 42.

Einstellungen können Verhaltensweisen bei einem selbst und bei anderen produzieren. Deshalb ist es empfehlenswert eine positive Einstellung einzunehmen, welche sich positiv auf die eigene Körpersprache auswirkt und ebenso auf die Umgebung positiv wirken kann.

3.5.2   Vorurteile

„Wer sich über andere eine Meinung bildet, misst deren Verhaltensweisen an der eigenen Erwartungshaltung und an den in ihm vorhandenden Vorerfahrungen und Eindrücken. Derjenige wirkt sympathisch, der der Erwartung seines Partners am ehesten entspricht. Damit ist nicht ausgedrückt, dass er auch auf andere sympathisch wirkt."[32]

Der Eindruck, den Kollegen, Partner und Kunden auf uns machen ist subjektiv und wer sich zu schnell ein Bild über Personen macht, der baut vielleicht falsche Vorurteile auf. Diese vielleicht falschen Vorurteile sind schwer abzubauen, da sich die Meinung über Menschen erst mit der Zeit ändert. Durch diese schnellen Vorurteile kann es schnell zur sogenannten „selbsterfüllenden Prophezeiung"[33] kommen. Wenn jemand schnell unsympathisch scheint und diese Person Fehler macht, dann werden diese Fehler als typisch für diese unsympathische Person empfunden und stärken die negative Einstellung gegenüber dieser Person. Wird die gleiche Person als sympathisch empfunden und macht diese Personen den gleichen Fehler, dann wird dieser Fehler weniger negativ empfunden. So wird es schwerer die vielleicht unsympathische Person richtig kennenzulernen.

Der erste Eindruck, den wir auf Kollegen, Partner und Kunden machen ist deshalb so wichtig. Wenn dieser negativ empfunden wird, ist es schwer das zu ändern. Wenn jemand anders beim ersten Eindruck unsympathisch wirkt, dann empfiehlt es sich diesen Jemand erst mal genauer und möglichst objektiv zu beobachten bevor ein „festes" Urteil entsteht.

3.5.3   Beobachten und Wahrnehmen

Um alle vier Seiten einer Nachricht aufzunehmen ist mehr notwendig als zuzuhören und sich auf die unbewusste Aufnahme der Körpersprache zu verlassen. Das bewusste und aktive Beobachten und Interpretieren des Beobachteten kann besonderes wichtig sein. Je mehr Details durch das Beobachten gefunden werden,

---

[32] Rückler (1999), S. 26.
[33] Vgl. Watzlawick, S. 57ff.

desto sicherer kann beurteilt werden was die andere Person mitteilen möchte. Unter anderem kann herausgefunden werden ob jemand mit seiner Aussage sicher oder vielleicht eher unschlüssig ist obwohl er seine Sicherheit ausspricht. Die Aussage „...da bin ich mir absolut sicher!" kann unter Einbezug der Körpersprache eine ganz andere Bedeutung haben.

Jede Aussage, die für den Sender eindeutig scheint wird von jedem Empfänger anderes beobachtet und interpretiert. Das Beobachte wird vom Empfänger mit der eigenen Einstellung und eigenen Erfahrungen verglichen. Deshalb sieht der Empfänger das Gesendete wie er es sehen möchte und nach den Regeln des Konstruktivismus nicht wie der Sender es meint.
Wenn dem Sender und Empfänger dieses Bewusst ist, dann können vielleicht Missverständnisse vermieden werden. So sagt Rückle: „[...] Missverständnisse sind immer vom Sender zu verantworten. Wer nicht weiß, dass er etwas falsch verstanden hat, kann auch nicht nachfragen."[34]

Hier einige Tipps welche dabei helfen richtiger zu beobachten:
- Vollkommene innere Bereitschaft: Aktiv beobachten und sich dessen bewusst sein.
- Emotionsfrei: Sich beherrschen können und mit Verstand beobachten.
- Tolerant und objektiv: Sich auf das objektive Beschränken und die subjektive Bewertung unterdrücken. Wenn möglich.
- Geduldig: Es kann sehr lange dauern, bis genug Informationen vorhanden sind um das gesendete richtiger interpretieren zu können.
- Passiv: Aktiv beobachten und sich dabei passiv verhalten.

3.5.4 Do & Don't

Do	Do not
Kleidung tragen die den Werten des Unternehmens entspricht.	Kleidung tragen, die dazu dient die eigene Einstellung auszudrücken, obwohl diese im Wiederspruch zu den Unternehmenswerten stehen.
Auch im Sommer passend gekleidet sein.	Im Sommer mit FlipFlops, kurzer Hose und T-Shirt ins Büro kommen, obwohl dieses unerwünscht ist.

---

[34] Rückle (1999), S. 64.

Do	Do not
Menschen objektiv beobachten und erstmal wertneutral das empfangene verarbeiten.	Nur auf Worte achten ohne den Sender genauer zu beobachten.
Bei Gesprächen den/die Empfänger anschauen.	Bei Gesprächen den Empfängern den Rücken zudrehen.
Auf eigene Körpersprache achten.	Die eigene Körpersprache ignorieren.
Das sagen was man mitteilen möchte.	Indirekt Aussagen tätigen. Der Empfänger weiß schon was ich meine.

Tab. 3.5-1: Do & Do not.

3.6 Boss vs. Bossin

Die folgenden Ausführungen basieren auf dem Buch „Warum Männer nicht zuhören und Frauen schlecht einparken" von Allan und Barbara Pease. Trotz des humorvollen Titels basieren die Aussagen in diesem Buch auf *wissenschaftlichen* Untersuchungen. Ziel des Buches ist darzustellen dass es Unterschiede zwischen dem männlichen und dem weiblichen Geschlecht gibt. Frauen und Männer sind unterschiedlich und Gleichwertig.

„Die Gleichheit von Männern und Frauen ist eine politische beziehungsweise ethische Angelegenheit, die Frage nach dem grundlegendem Unterschied zwischen ihnen eine wissenschaftliche"[35] Die Aussagen gelten für den Durchschnittsmann und der Durchschnittsfrau. Es gibt viele Ausnahmen; allerdings passen die Aussagen auf den Durchschnitt.

3.6.1 Alles begann vor vielen tausend Jahren

Eine Ursache dafür, dass es Unterschiede zwischen Männern und Frauen gibt liegt in der Vergangenheit, bei unseren Urvorfahren. Damals fehlten Supermärkte, weshalb die Männer auf die Jagd gingen um Essen zu besorgen. Dieses war sehr gefährlich, wobei Männer spezielle Fähigkeiten entwickelt haben die bei der Jagd und dem Überleben in einer fremden und gefährlichen Umgebung helfen. Frauen kümmerten sich um die Kinder, das Heim und um soziale Kontakte. Auch bei diesen wichtigen Tätigkeiten hat sich das Gehirn den Anforderungen der Frau angepasst. Es gab eine feste Rollenverteilung mit der damals beide wunderbar leben konnten. Männer und Frauen haben sich ergänzt.

---

[35] Pease (2007), S. 30.

Wissenschaftliche Studien beweisen, dass viele der typischen Eigenschaften angeboren sind. Jungen werden zu Männern und Mädchen werden zu Frauen. Die Geschlechtsspezifischen Eigenschaften liegen in unseren Hormonen. Es ist also unabhängig von dem sozialen Umfeld.

3.6.2   Vorteile von Männern und Frauen

Hier eine Auflistung einiger stereotypischer Eigenschaften von Männern:

- Ausgeprägter Orientierungssinn über große Distanzen.
- Große Zielsicherheit.
- Augen wie ein Fernglas.
- Lokalisieren wo sich das Gehörte befindet.
- Männer können kämpfen und dabei den Schmerz ignorieren.
- Konzentrieren sich auf eine Sache.
- Haben ein räumliches Vorstellungsvermögen.
- Wollen Probleme systematisch analysieren und lösen.
- Sind direkt.
- Habne Vorteile bei Logik wie Mathematik
- Reden weniger, dafür zielgerichteter.
- Mögen Sachen.

Hier eine Auflistung einiger Stereotypischer Eigenschaften von Frauen:

- Können ihre direkte Umgebung nach Gefahren und Details ansuchen.
- Haben einen ausgezeichneten Orientierungssinn für kürze Strecken.
- Erkennen Veränderungen im Verhalten anderer.
- Erkennen mehr unterschiedliche Farben.
- Haben einen größerern Blickwinkel, dadurch erkennen sie mehr Details.
- Hören besser.
- Sind empfindsamer für Berührungen.
- Sind schmerzempfindlicher.
- Können besser riechen.
- Sind multitaskingfähig.
- Sind Sprachgenies.
- Sind indirekt.
- Legen viel Wert auf Kommunikation, die zu Stärkung sozialer Beziehungen dient.
- Mögen Menschen.

3.6.3   Der Fötus und was daraus wird

Als Fötus sind alle zuerst Frauen. Der Vater bestimmt durch das 23. Chromosom, welches er dem Kind spendiert ob es ein Mädchen bleibt oder ein Junge wird. Abhängig von der Einheit männlicher Geschlechtshormone wird aus dem Mädchen ein mehr oder weniger männlicher Junge. Für die Umwandlung wird das Hormon Testosteron benötigt. Bekommt der Fötus zu wenig davon, obwohl er das für einen Jungen notwendige Y-Chromosom vom Vater bekommen hat, kann es passieren dass bestimmte weibliche Eigenschaften bleiben. Das kann soweit führen, dass manche Menschen fühlen im falschen Körper zu sein.

3.6.4   Empfehlungen für das Zusammenarbeiten

Abhängig von der jeweiligen Situation empfiehlt es sich, dass sich ein Geschlecht dem anderen anpasst, was Frauen besser können als Männer. Wenn sie wollen. Ein Grund dafür ist, dass Frauen multitaskingfähig sind. Männer sind so wie sie sind. Selbst wenn sie wollen, es fehlt ihnen an den notwendigen Gehirnverbindungen um die Multitaskingfähigkeiten einer Frau zu entwickeln.

Wenn es als Frau darum geht Männer zu beeindrucken, zum Beispiel bei einer Geschäftsverhandlung, dann kommt diese besser zu einem Ergebnis, wenn sie sich anpasst. Indirekt Ausdrücke wir „…wir könnten" vermeiden und stattdessen direkte Ausdrücke wie „…wir können" verwenden. Im Ganzen empfiehlt es sich, die Rede gut strukturiert aufzubauen, damit die Männer ihr Folgen können. Wenn eine Frau anfängt mehrere Punkte gleichzeitig zu besprechen, dann mögen sie und andere Frauen die Fähigkeit dazu besitzen dieses zu verstehen, die meisten Männer halten sie wahrscheinlich für unfähig und für den Beruf ungeeignet. Wenn Frauen bei Verhandlungen mit tiefer Stimme reden, dann wirk dieses professioneller und passender, als wenn eine Frau mit hoher Stimme redet.

3.6.5   Ergebnis

Männer und Frauen sind unterschiedlich. Wenn der Durchschnittsmann und die Durchschnittsfrau Berufe wählen, die ihren Fähigkeiten entsprechen, dann ist es vielleicht besser und einfacher für diese. Beide haben unterschiedlich Stärken für Führungspositionen. Ob eine Führungsposition von einem Mann oder einer Frau besetzt wird, hängt mehr mit den Fähigkeiten der Person und den Anforderungen an den Beruf zusammen als mit den geschlechtsspezifischen Eigenschaften.

4 Schlussbetrachtung

Ein gesundes Verständnis der vorherrschenden Wertevorstellungen im In- als auch Ausland und der daraus ableitbaren Normverhaltens, ist zwingende Grundlage für eine erfolgreiche Führung der Belegschaft, bzw. ausländischen Kollegen bei längeren Auslangsaufenthalten. Angefangen von Konsumenten, die Produkte politisch inkorrekt geführter Unternehmen meiden, über Mitarbeiter die sich mit der Unternehmensphilosophie identifizieren möchten, bis hin zum professionellem Umgang zwischen Führungskräften untereinander durchziehen Werte nicht nur unser Privat- und Gesellschaftsleben sondern auch die Wirtschaftswelt. Bei der Beleuchtung der Körpersprache konnte aufgezeigt werden dass nur geringe Nuancen genügen um missverstanden zu werden, was zu Problemen in Verhandlungen, Vorträgen oder Konferenzen werden kann. Durch die Verbindung zwischen Stress und Körpersprache konnte aufgezeigt werden welche Bedeutung dem menschlichen Körper als Kommunikationsmedium und Spiegel unseres seelischen Befindens zukommt.

Überdies wurde die Wichtigkeit passender und angemessener Kleidung dargelegt. Die Erfüllung der branchentypischen Kleiderordnung ist Grundlage für ein seriöses und vertrauensvolles Auftreten im Geschäftsalltag gegenüber Mitarbeitern, Partnern oder Kunden. Besondere Aufmerksamkeit kam in diesem Zusammenhang auch dem Unterschied zwischen Mann und Frau zu. Frauen die eine harte Gangart gegenüber Mitarbeitern und Kollegen anschlagen und souverän agieren besitzen noch keine ausreichende Akzeptanz. Auf diesem Gebiet hat die Emanzipation die alten Stereotypen Vorurteile noch nicht aufbrechen können.

In Zukunft ist davon auszugehen, dass den sozialen Kompetenzen bzw. „Softskills", noch weitere Bedeutung zukommen wird. Der Informationsaustausch kultureller als auch wirtschaftlicher Art ist noch im Wachstum begriffen und wird auch künftig dafür sorgen, dass ein beschleunigter Austausch von Bräuchen und Sitten, Wertvorstellungen und Normen länderübergreifend stattfinden wird. Unlängst befinden wir uns in einer Phase, in der Unternehmen über weitgehend vergleichbares Fachpersonal verfügen, die Schaffung eines gesunden und nachhaltigen Betriebsklimas daher ein entscheidender Wettbewerbsvorteil sein kann. Hierfür müssen allerdings die Führungskräfte in der Lage sein entsprechende Unternehmenskulturen überzeugend zu vertreten und ihre Belegschaft korrekt zu führen, über alle Kommunikationsfassetten hinweg.

Literaturverzeichnis

Bücher

- Argyle
  (1992)

  Argyle, Michael: Körpersprache und Kommunikation, 6. Auflage, Jufermann-Verlag, Paderborn 1992

- Eisenmann
  (2006)

  Eisenmann, Peter: Werte und Normen in der Sozialen Arbeit, 1. Auflage, Kohlmann-Verlag, Stuttgart 2006

- Gommlich
  (1999)

  Gommlich, Florian; Tieftrunk, Andreas: Mut zur Auseinandersetzung: Konfliktgespräche: Gesprächsmodelle, Körpersprache und Rhetorik, Lösungsmöglichkeiten, Falken Verlag, Niedernhausen 1999

- Hemel
  (2007)

  Hemel, Ulrich: Wert und Werte: Ethik für Manager – Ein Leitfaden für die Praxis, 2. Auflage, Hanser-Verlag, Berlin 2007

- Henley
  (1988)

  Henley, Nancy M. : Koerperstrategien: Geschlecht, Macht u. nonverbale Kommunikation, Dt. Erstausg., Fischer-Taschenbuch-Verlag, Frankfurt am Main 1988

- Klein
  (2004)

  Klein, Hans-Michael: Cross Culture – Benimm im Ausland, 1. Auflage, Cornelson-Verlag, Essen 2004

- Lübbe
  (1990)

  Lübbe, Hermann: Der Lebensstil der Industriegesellschaft, 2. Auflage, Springer-Verlag, Berlin 1990

- Molcho
  (1988)

  Molcho, Samy: Körpersprache als Dialog, Mosaik-Verlag, München 1988

- Nolte
  (2006)

  Nolte, B. Jo: Business Etikette, 1. Auflage, Haufe-Verlag, Berlin 2006

- Oesterdiekhoff
  (2001)

  Oesterdiekhoff, Georg; Jegelka, Norbert: Werte und Wertewandel in westlichen Gesellschaften, 1. Auflage, VS-Verlag, Leverkusen 2001

- Pease
  (2007)

  Pease, Allan; Pease Barbara: Warum Männer nicht zuhören und Frauen schlecht parken, 1. Auflage, Ullstein-Verlag, Berlin 2007

- Ruble
  (1976)

  Ruble, T.L., Thomas K.: Support for a two-dimensional model of conflict behaviour, 1976

- Rückler
  (2000)

  Rückle, Horst: Körpersprache für Manager: Kunden richtig verstehen, Mitarbeiter besser führen, Geschäftspartner leichter überzeugen, Langsberg/ Lech, 2000

- Watzlawick
  (2000)

  Watzlawick, Paul: Anleitung zum Unglücklichsein, 21. Auflage, Piper-Verlag, München 2000

Internet

- Mehrabian, Albert: Silent message, URL: http://emw.fh-potsdam.de/Users/itdm/knicol/Websites/mehrabian.html, [19.06.2008]
- Mertes, Sabine: Wertewandel – zwischen Gewinnstreben und Verantwortung, 08.11.2006, URL: http://www.bildungskommission.de/docs/trainerkb10.06.pdf, [01.06.2008]
- Rödder, Andreas: Werte und Wertewandel in der Geschichte der Bundesrepublik: Historisch-politische Perspektiven, 17.10.2006, URL: http://www.uni-mainz.de/FB/Geschichte/hist4/Dateien/Wertewandel_Vortrag.pdf, [01.06.2008]
- o.V. (bpb): Aus Politik und Zeitgeschichte – Wertewandel, 13.07.2001, URL: http://www.bpb.de/publikationen/VVDQUI,,0,Wertewandel.html, [01.06.2008]
- o.V. (knigge-rat): Kleidung, URL: http://www.knigge-rat.de/themen_kleidung.html, [18.06.2008]
- o.V. (sinus-sociovision): Informationen zu den Sinus-Milieus 2005, 15.01.2005, URL: http://www.sinus-sociovision.de/Download/informationen%20012005.pdf, [01.06.2008]
- o.V. (südkurier): Chef darf Verkäufern Kleiderordnung vorschreiben, 29.05.2008, URL: http://www.suedkurier.de/nachrichten/you_beruf/beruf_bildung/recht_im_beruf/art477,3231993, [18.06.2008]